JN450383

사진을 붙여주세요

나는 매일매일 말씀 먹고 자라는

303비전 꿈나무

______________________ 입니다!

마땅히 행할 길을 아이에게 가르치라
그리하면 늙어도 그것을 떠나지 아니하리라

[잠 22:6]

Start children off on the way they should go,
and even when they are old they will not turn from it.

303비전 꿈나무
성경암송노트

303비전성경암송학교 엮음

2단계

규장 • 303비전성경암송학교

어린아이들과 젖먹이들의 입으로 권능을 세우심이여

"주의 대적으로 말미암아 어린아이들과 젖먹이들의 입으로 권능을 세우심이여 이는 원수들과 보복자들을 잠잠하게 하려 하심이니이다"[시 8:2]

303비전 꿈나무들을 위하여 1,2단계, 3,4,5단계로 제작되어 온 303비전 꿈나무 성경암송노트를 새롭게 제작할 수 있게 해주신 하나님께 감사드립니다.

303비전 꿈나무 성경암송노트는 303비전성경암송학교의 초대교장이신 고(故) 여운학 장로님이 303비전 꿈나무들을 위하여 보기에도 아름답고, 암송하기도 쉽고, 들고 다니기 간편한 암송노트를 만들기 위하여 오래 기도하며 연구하여 얻은 첫 열매입니다.

우리나라의 모든 어린이가 어려서부터 하나님의 말씀을 부지런히 암송하는 훈련을 쌓아서 말씀으로 부요케 하려는 고 여운학 장로님의 기도와 정성으로 맺은 꿈나무 암송노트를 16년 만에 개편 증보판으로 새롭게 제작하게 되었습니다.

말씀을 더욱 사랑하는 아이들로 자라도록 더 많은 사랑과 기도로 제작하였습니다.
'어린아이들과 젖먹이들의 입으로 권능을 세우시는' 하나님께서 우리 자녀들의 마음에 새겨준 말씀을 물맷돌로 사용하셔서 원수들과 보복자들을 잠잠하게 하실 것입니다.
뿐만 아니라 어려서부터 삼가 들은 하나님의 말씀이 우리 자녀들을 세계 모든 민족 위에 뛰어나게 하실 것입니다[신 28:1].

어린 자녀들은 태에서부터 받은 하나님과 부모의 사랑을 말씀 안에서 풍성하게 누릴 수 있도록 이 책을 애착하여 소장하며, 지속 반복할 수 있도록 아름답고 예쁘게 꾸몄습니다.

이 책에는 303비전성경암송학교 유니게 1,2,3단계의 구절들이 순서대로 기록되어 있습니다.

303비전 꿈나무 모범생, 장학생으로 가득한 세상을 꿈꾸며 모든 부모님은 유니게와 로이스의 마음으로 자녀들이 말씀을 가까이하며 자라도록 이끌어주시기를 바랍니다.

6 오늘 내가 네게 명하는 이 말씀을 너는 마음에 새기고
7 네 자녀에게 부지런히 가르치며 집에 앉았을 때에든지 길을 갈 때에든지
누워 있을 때에든지 일어날 때에든지 이 말씀을 강론할 것이며
8 너는 또 그것을 네 손목에 매어 기호를 삼으며 네 미간에 붙여 표로 삼고
9 또 네 집 문설주와 바깥 문에 기록할지니라

[신 6:6-9]

303비전성경암송학교 교장

한창수

말씀암송이란 무엇인가?

1. **말씀암송**은 말씀이신 하나님을 내 안에 모셔들이는 영적 예배입니다.
   [요 1:1 ; 롬 12:1]

2. **말씀암송**은 생명의 성령의 법이 나를 주관하게 하는 순종훈련입니다.
   [롬 8:2]

3. **말씀암송**은 성령의 권능을 받기 위한 즐거운 영적 근력 운동입니다.
   [행 1:8]

4. **말씀암송**은 하나님을 내 안에 모셔들이기 위한 거룩한 작업이며
   즐거운 수고와 노동입니다. [롬 12:11 ; 시 126:5]

5. **말씀암송**은 성령의 검을 갈고 닦기 위한 성도의 영적 무장 행위입니다.
   [엡 6:17]

6. **말씀암송**은 성도에게 복을 내려주시기 위한 하나님의 특명입니다.
   [신 28:1-6]

7. **말씀암송**은 온유한 자녀를 얻는 말씀암송 태교의 핵심 코스입니다.
   [시 139:13]

8. **말씀암송**은 하나님 중심 자녀교육을 위한 부모의 필수 기본 조건입니다.
   [잠 22:6]

9. **말씀암송**은 자녀교육을 위하여 부모에게 내리신 하나님의 지상명령입니다.
   [신 6:4-9]

10. **말씀암송**은 성도의 마음을 기쁘게 하고 눈을 밝혀주는 영적 보약입니다.
    [시 19:8]

11. 말씀암송은 천국시민권자에게 주어지는 자랑스러운 특권입니다.
[빌 3:20]

12. 말씀암송은 홍수에도 휩쓸리지 않을 믿음의 집 초석을 놓는 작업입니다.
[롬 10:17]

13. 말씀암송은 모든 병을 고쳐주는 만병통치약 '사랑소'의 촉진제입니다.
[막 16:18]

14. 말씀암송은 자신감, 집중력, 자제력, 창의력의 보물창고 만들기입니다.
[시 119:9]

15. 말씀암송은 하나님과의 영적 사귐을 위한 큐티의 필요 조건입니다.
[수 1:8]

16. 말씀암송은 날마다 암송가정예배를 드리기 위한 필수 과정입니다.
[시 128:1-3]

17. 말씀암송은 믿음의 가정을 환하게 밝혀주는 아침 햇살입니다.
[사 60:1-3]

18. 말씀암송은 성령의 아홉 가지 열매를 거두어들이는 추수 작업입니다.
[갈 5:22,23]

19. 말씀암송은 사모하는 마음과 갈급한 심령에게 주시는 하나님의 상급입니다.
[시 107:9]

20. 말씀암송은 주 안에서 새사람으로 태어나게 하는 민족 개조 운동입니다.
[요 3:3 ; 고후 5:17]

303비전 꿈나무 성경암송노트

활용의 지혜

1 매일매일 즐거운 마음으로 가정예배를 드립니다.

매일매일 말씀이신 하나님을 우리의 가정에 모시는 마음으로 즐겁게 가정예배를 드립니다. 말씀을 짧게 끊어 구절마다 색깔을 예쁘게 넣었습니다. 303비전 말씀암송 가정예배 순서를 따라 매일매일 즐거운 마음으로 가정예배를 드려요.

2 꿈송과 맘송을 부르며 암송예배를 시작합니다.

303비전 꿈나무 주제가인 〈303비전 꿈나무송〉과 303비전 성경암송학교 주제가 〈엄마와 함께 암송한 하나님 말씀을〉로 밝고 힘차게 찬송합니다. 힘차고 정겨운 찬송으로 암송의 정서가 온 집안에 흘러넘치게 됩니다. 찬송 후 〈303비전 성경암송 기도문〉으로 함께 기도합니다.

3 말씀암송 구호를 큰소리로 외쳐보아요.

"할렐루야 예수님의 참제자, 주 안에서 항상 기기감찬순, 변나명용 롬팔이팔, 살아계신 하나님의 말씀"을 큰 소리로 외치고 암송을 시작합니다.

4 크게 소리내어 또박또박 말씀을 하니비 암송법으로 낭송합니다.

말씀암송은 말씀을 암기하는 것과 다르게 소리 내어 반복해서 말씀을 낭독, 선포하는 것입니다. 하니비 암송법을 따라 짧게 끊어서 꾸준히 반복하다 보면 어느덧 말씀이 입에 익숙해지는 것을 경험하게 될 것입니다.

하니비 암송법은 꿀을 향하여 날아가는 꿀벌의 반복된 행동에서 착안한 암송 방법입니다. 암송은 반복과 지속이 중요합니다. 반복할수록 꿀송이처럼 달고 오묘한 은혜를 누리게 됩니다.

암송이 진행되는 각 단계마다 여백에 부모가 꿀송이처럼 달고 향긋한 칭찬과 격려의 말을 아낌없이 표현해주세요. 그리고 자녀가 암송하는 모습을 담은 사진이나 예쁜 스티커를 붙여서 부모의 깊은 관심을 보여주세요.

5 손가락을 꼽아가며, 몸을 앞뒤 좌우로 움직이면서 한 절 한 절 암송하면 두뇌 발달에도 많은 유익이 있습니다.

손과 발은 뇌에서 거리가 가장 먼 신경에 해당합니다. 손가락을 한 절 한 절 꼽고, 몸을 좌우 앞뒤로 움직이며 암송하면 혈액순환과 신경계에 미치는 말씀의 능력을 심어주게 됩니다. 어려서부터 온몸으로 말씀을 암송할 수 있도록 도와주세요.

6 엄마의 아름다운 목소리와 함께 즐겁게 말씀암송 가정예배를 드려요.

자녀는 어릴수록 기억력이 좋아서 장난감을 가지고 놀면서도 엄마가 즐겁게 암송하는 소리를 몇 차례 들으면 웬만한 말씀은 쉽게 암송하는 경우가 많습니다.
그러므로 우격다짐으로 암송을 강요하는 대신, 엄마가 먼저 기쁜 마음으로 소리 높여서 암송을 반복한 다음, 하니비 암송법으로 조금씩 가르치기 시작하면 거부감 없이 쉽게 암송을 하게 될 것입니다.

7 303비전 꿈나무 모범생 & 장학생에 도전해 보아요.

말씀암송은 중도에 쉬지 않고 끝까지 지속해야 하는데 이것이 가장 큰 난제입니다. 이를 위하여 2007년 5월부터 '303비전 꿈나무 모범생 및 으뜸모범생, 장학생' 선발제도를 출범하였습니다. 303비전본부는 소정의 요절을 암송하여 선발된 어린이들을 사명감을 가지고 그 부모님들과 협력하여 지속적으로 암송시킴으로써 그들이 그리스도의 참제자의 자질을 갖추도록 도와줄 것입니다.

8 303비전 왐클럽(Wise Mother's Club)을 만들어 엄마의 거룩한 매임으로 꾸준히 암송할 수 있습니다.

엄마가 혼자서 자녀와 함께 말씀암송을 지속하는 것은 결코 쉬운 일이 아닙니다. 그래서 1,2단계 유니게 과정을 마친 엄마들이 모여 말씀암송의 거룩한 매임을 지속하게 된 303비전 '왐클럽'(Wise Mothers Club: 와이즈마더즈클럽)에 참여하시면 많은 도움을 얻을 수 있습니다.

303비전 사명 선언문

할렐루야! 예수님의 참제자
주 안에서 항상 기기감찬순
변나명용 롬팔이팔!

1. 우리는 303비전으로
다음세대를 준비하는 사명자이다.

2. 우리는 303비전을 위하여
말씀암송 가정예배를 지속한다.

3. 우리는 주 안에서 항상
기기감찬순의 정신을 실천한다.

4. 우리는 역경의 때를 극복하기 위하여
변나명용 롬팔이팔을 기억한다.

5. 우리는 예수님의 참제자로서
주 안에서 즐겨 바보 되고, 기뻐 손해 본다.

6. 우리는 303비전으로 산다.

303비전이란?

30년 x 3세대 성경암송으로 자녀교육의 비전

1. 교육은 100년, 곧 30년을 한 세대로
3세대에 걸쳐 이루어집니다.

2. 암송의 달란트를 받은 어릴 때부터
말씀암송을 체질화시킵니다.

3. 가정과 교회교육의 우선순위를
말씀암송 훈련으로 삼습니다.

4. 말씀암송과 묵상, 적용, 실천으로
말씀의 생활화를 정착시킵니다.

5. 30년 후에는 이렇게 자란 303비전
1세대들이 이 민족을 책임집니다.

6. 30년 후에는 303비전 1세대 선교사가
온 세계로 나가 세계 복음화에 헌신합니다.

7. 60년, 100년 후에는 303비전교육으로 말미암아
이 나라와 온 세계가 하나님의 나라로 바뀔 것입니다.

303비전 꿈나무

모범생 & 장학생 선발

303비전 꿈나무 모범생 선발기준

1단계 100절 : 생후~초등학교 4학년(10세)까지		
연령	선발 기준(해당 암송 구절)	누적구절
생후~초등 1학년 7세	고전 13:1-13* | 신 6:4-9 | 롬 3:23,24 갈 2:20 | 마 7:7-14 | 시 1:1-6* | 시 23:1-6* 시 100:1-5* 총 47절	47절
초등 2학년 8세	마 5:1-16 | 살전 2:13 추가 17절	64절
초등 3학년 9세	요 1:1-18 | 고후 5:17 추가 19절	83절
초등 4학년 10세	요 15:1-17 추가 17절	100절

1·2단계 200절 : 중학교 3학년(15세)까지		
연령	선발 기준(해당 암송 구절)	누적구절
초등 5학년 11세	창 1:1 | 출 20:1-11 추가 12절	112절
초등 6학년 12세	출 20:12-21 추가 10절	122절
중학 1학년 13세	신 28:1-6 | 수 1:8,9 | 수 6:1-3 | 시 8:1-9* 창 12:1-4 | 시 150:1-6* 추가 30절	152절
중학 2학년 14세	사 1:18-20 | 사 14:24-27 | 잠 16:1-9 시 107:9 | 잠 8:17 | 합 3:17-19* 추가 21절	173절
중학 3학년 15세	마 7:1-6 | 사 40:27-31* | 렘 33:1-3 마 11:28-30* | 사 41:10 | 행 1:1-8 | 마 6:33 추가 27절	200절

303비전 꿈나무 모범생이 되려면

각 연령에 해당하는 암송구절을 암송해야 합니다.

303비전 꿈나무 으뜸 모범생이 되려면

연령대별 모범생이 암송하는 총구절 2배 이상을 암송해야 합니다.

303비전 꿈나무 장학생이 되려면

303비전 꿈나무 으뜸 모범생으로 성경암송을 1년간 지속해야 합니다.

303비전 꿈나무송 (꿈송)

303비전 꿈나무 주제가

작사 여운학, 2007.
작곡 베토벤, 1824.
새찬송가 64장 〈기뻐하며 경배하세〉 곡

1 말씀으로 천지 만물 아름답게 지으신
하나님의 크신 사랑 보답할길 없어라
영의 양식 말씀먹고 지혜롭게 자라자
새시대를 열어갈 303비전 꿈나무

2 말씀암송 천하무적 전신갑주 입고서
성령의 검 믿음방패 승리하며 살리라
정직하고 성실하게 말씀대로 살리라
하나님의 아들딸 303비전 꿈나무

3 말씀암송 우선순위 우리삶의 푯대라
말씀묵상 적용실천 우리세대 몫이라
말씀으로 승리하는 새시대의 사명자
예수님의 참제자 303비전 꿈나무

4 말씀암송 찬송기도 우리가정 예배로
사랑하는 부모형제 천국가정 이루리
오늘내일 빠짐없는 즐거움의 한시간
씩씩하게 자라갈 303비전 꿈나무

5 성경암송 가르치는 우리교회 학교라
선생님의 모범따라 암송교육 익혀서
우리모두 하나같이 암송모범생이라
의의나라 세워갈 303비전 꿈나무

엄마와 함께 암송한 하나님 말씀을

303비전 성경암송학교 주제가 (맘송)

작사 여운학, 1999.
작곡 P.P 블리스, 1874.
새찬송가 200장 〈달고 오묘한 그 말씀〉 곡

1 엄마와 함께 암송한 하나님 말씀을
내 평생 묵상하면서 내 양식 삼으니
나의 모든 삶이 말씀으로 찼네
복되고도 즐겁도다 묵상의 삶이여
어린시절 외운말씀 영원한 보배라

2 어릴 때 즐겨 암송한 진리의 말씀이
어려울 때나 슬플 때 참된위로 주시고
주의 선하신 뜻을 밝히 보이시네
복되고도 즐겁도다 묵상의 삶이여
어린시절 외운말씀 영원한 보배라

3 힘써서 외운 이말씀 생명의 말씀이
믿는자 마음속에서 역사하시도다
신비한 능력의 말씀 내 생명 깨워주시네
복되고도 즐겁도다 묵상의 삶이여
어린시절 외운말씀 영원한 보배라

태교의 노래

작사 여운학, 2005.
작곡 W.H.Donce, 1875.
새찬송가 380장 〈나의 생명 되신 주〉 곡

1 말씀이신 내 주여 주의 사랑 감사합니다
주의 크신 은혜로 주의 자녀 주셨사오니
낮이나 밤이나 주를 찬송하겠네
말씀암송하면서 주의 사랑 찬양합니다

2 진리이신 내주여 주의 은혜 감사합니다
천하보다 더 귀한 태의 생명 받았사오니
이 생명 다하여 주께 충성하겠네
말씀 묵상하면서 주의 은혜 사모합니다

3 영원하신 내 주여 주의 권능 찬양합니다
나의 기도 들으사 귀한 자녀 주셨사오니
온 정성 다하여 주께 서원 갚겠네
말씀 순종하면서 주의 뜻을 이루렵니다

4 세상 모든 사람들 말씀태교 신비모르나
주의 말씀 태교로 빛 된 자녀 품게 하소서
이 영혼 이 가정 주의 도구 삼으사
주의 크신 역사로 신인류를 창조하소서

303비전 꿈나무

성경암송 기도문

하나님 아버지!

변함없는 은혜와 사랑에

감사드립니다.

지금 이 시간

말씀이신 하나님을

제 안에 모셔 들이려고 합니다.

보혜사 성령님!

이 시간 제 마음에

임하여 주세요.

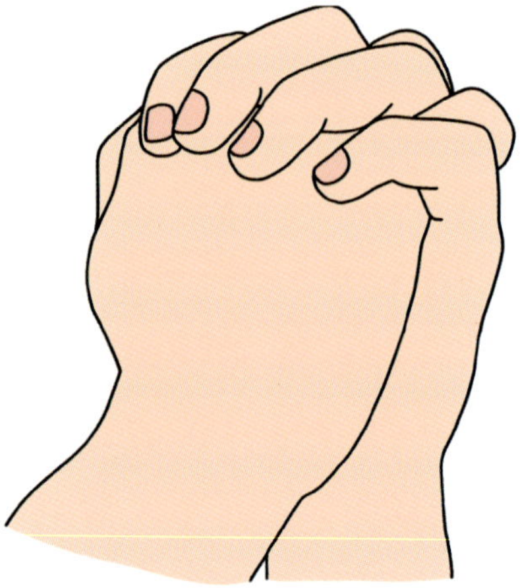

진리의 말씀을

사모하는 마음을 더하여 주시고

날마다 기쁨과 감사함으로

말씀을 암송하게 하시고

새 시대를 열어갈

303비전 꿈나무 가족답게

말씀암송과 기도로 거룩하게 하옵소서.

말씀대로 살게 하사

예수님의 참제자가 되게 하소서.

예수님의 이름으로 기도드립니다.

아멘.

말씀암송 가정예배 순서

A. 준비

1. 경건한 마음으로 예배드리기 위하여 자녀들의 얼굴, 손, 발을 깨끗이 합니다.
2. 깨끗한 잠옷으로 입히고, 내의만 입고 자는 아이들은 깨끗한 내의로 입습니다.
3. 아이들 각자의 꿈나무 암송노트와 일기장을 가지고 예배에 임합니다.

B. 권장사항

1. 자녀가 5세 이상일 경우, 인도를 자녀에게 맡겨도 됩니다.
2. 자녀의 인도가 부족하더라도 칭찬과 격려를 아끼지 마십시오.
3. 설교 대신 함께 큰소리로 암송 또는 읽기를 하십시오.
4. 자녀의 질문이 있을 때에는 질문에 대한 칭찬을 해준 후, 왜 그런 생각을 하게 되었는가를 물어보고 스스로 정답을 찾아가도록 인도합니다.
5. 자녀가 둘 이상일 경우, 서로의 의견을 존중하면서 각자 자기의 의견을 자신있게 표현하도록 합니다.
6. 거룩하신 하나님께 드리는 예배임을 알리고, 장난스럽게 하거나 자세가 흐트러지게 하지 않도록 하되 기쁘고 즐거운 분위기를 이루도록 합니다.
7. 자녀의 자세가 흐트러지고 드러누워 버리게 되더라도 예배를 중단하지 말고 즐거운 마음으로 오직 하나님께만 집중합니다.

C. 예배 순서

1. 꿈나무송(꿈송)과 유니게송(맘송)을 빠른 템포로 힘차고 신나게 부릅니다.
2. 자녀들이 교회학교에서 배운 찬송도 원하면 함께 불러도 됩니다.
3. 암송기도문으로 함께 기도합니다.
4. 오늘의 말씀을 다 같이 암송합니다. 분량이 많아지면 오늘과 내일로 나누어서 암송합니다.
5. 암송하지 못하는 사람은 읽어도 괜찮습니다.
6. 오늘 암송한 말씀의 뜻이나 느낀 점을 나눕니다.
7. 기도제목을 가지고 서로를 위하여 기도합니다.
   자녀는 부모를 위하여, 형제를 위하여, 이웃을 위하여, 교회와 나라를 위하여 기도합니다.
8. 마무리로 부모님이 자녀를 위하여 축복기도를 드립니다.
9. 예배 후 각자 암송일기를 쓰는 것을 습관화합니다.

하니비 암송법이란?

꿀벌(honey-bee)은 꿀을 얻기 위해 이른 아침부터 여러 곳을 날아다닙니다. 그러다가 맛있는 꿀을 발견하면 춤을 춰서 동료들에게 그 정보를 알립니다. 아주 좋은 꿀의 출처를 발견한 정찰 벌은 몇 시간, 혹은 하루종일 쉬지 않고 춤을 춘다고 합니다.

꿀벌의 날갯짓은 1초에 200번을 넘습니다. 단지 공중에 머물러 있기 위해서만도 이 정도 날갯짓을 합니다. 꿀 1킬로그램을 모으기 위해서는 지구 한 바퀴 거리를 비행합니다. 꽃에 앉아 꿀을 빨 때도 가만히 있지 않고 뒷다리로 쉴 새 없이 꽃가루를 모읍니다.

꿀벌이 그 작은 몸으로 몇 킬로미터 밖에 멀리 떨어져 있는 꽃으로 날아가서 꿀을 따오는 방법은 기가 막힐 정도로 과학적입니다.

이를테면, 1킬로미터의 거리를 단번에 날아가는 것이 아니라, 300미터까지 공중으로 날아갔다가 다시 돌아오고, 다시 600미터, 다시 1킬로미터 이런 식으로 거리를 넓혀가며 날아가서 꿀을 딴 후에 돌아옵니다.

이 꿀벌에게서 얻은 암송법이 하니비 암송법입니다.

예를 들어, 요한복음 15장 5절은 약간 길지만, 하니비 암송법으로 암송하면 쉽게 암송할 수 있답니다.

① 나는 포도나무요 너희는 가지라
그가 내 안에, 내가 그 안에 거하면
② 사람이 열매를 많이 맺나니
③ 나를 떠나서는 너희가 아무것도 할 수 없음이라

먼저 ①을 다섯 번 암송하되 완행열차식으로 천천히 출발하여 급행 열차식으로 빨리 반복 암송하면, 글을 보지 않고도 절로 입에서 술술 나옵니다. 다음은 ②를 그리한 다음, ①②를 붙여서 한꺼번에 다섯 번 반복합니다. 마지막으로, ③을 그리한 다음 ①②③을 단번에 암송하면, 처음에 길게 보이던 말씀을 거뜬히 암송하게 됩니다.

이것이 하니비 암송법입니다.

303비전 꿈나무 2단계

마땅히 행할 길을 아이에게 가르치라
그리하면 늙어도 그것을 떠나지 아니하리라 [잠 22:6]

초등학교 5학년(11세)까지 +12절 = 총 112절

창세기 1:1	1절	30p
출애굽기 20:1-11	11절	34p

초등학교 6학년(12세)까지 +10절 = 총 122절

출애굽기 20:12-21	10절	40p

중학교 1학년(13세)까지 +30절 = 총 152절

신명기 28:1-6	6절	48p
여호수아 1:8,9	2절	53p
여호수아 6:1-3	3절	58p
시편 8:1-9*	9절	61p
창세기 12:1-4	4절	66p
시편 150:1-6*	6절	69p

중학교 2학년(14세)까지 +21절 = 총 173절

이사야 1:18-20	3절	74p
이사야 14:24-27	4절	78p
잠언 16:1-9	9절	82p
시편 107:9	1절	87p
잠언 8:17	1절	87p
하박국 3:17-19*	3절	88p

중학교 3학년(15세)까지 +27절 = 총 200절

마태복음 7:1-6	6절	92p
이사야 40:27-31*	5절	96p
예레미야 33:1-3	3절	100p
마태복음 11:28-30*	3절	103p
이사야 41:10	1절	106p
사도행전 1:1-8	8절	109p
마태복음 6:33	1절	113p

손가락을 꼽으면서
정확하게 암송해 보세요

너는 진리의 말씀을 옳게 분별하며
부끄러울 것이 없는 일꾼으로 인정된 자로
자신을 하나님 앞에 드리기를 힘쓰라

[딤후 2:15]

Do your best to present yourself to God as one approved,
a worker who does not need to be ashamed
and who correctly handles the word of truth.

초등학교 5학년(11세)까지

+ 12절 = 총 112절

창세기 1:1 | 출애굽기 20:1-11

창세기 1:1

천지창조

1 태초에 하나님이 천지를 창조하시니라

천지창조, 말씀 쓰기

창세기 1장 1절

색칠해보세요!

엄마와 함께 활동해요

말씀으로 천지를 창조하신 하나님을 공부해요

창세기 1장을 읽고 그림으로 나타내보아요

암송일기

년 월 일

출애굽기 20:1-21

십계명: 나는 네 하나님 여호와니라

1 하나님이 이 모든 말씀으로 말씀하여 이르시되

2 나는 너를 애굽 땅,
종 되었던 집에서
인도하여 낸 네 하나님 여호와니라

출애굽기 20:1-21

십계명: 제1,2계명

3 너는 나 외에는
다른 신들을 네게 두지 말라

4 너를 위하여 새긴 우상을 만들지 말고
또 위로 하늘에 있는 것이나
아래로 땅에 있는 것이나
땅 아래 물속에 있는 것의
어떤 형상도 만들지 말며

5 그것들에게 절하지 말며
그것들을 섬기지 말라
나 네 하나님 여호와는 질투하는 하나님인즉
나를 미워하는 자의 죄를 갚되
아버지로부터 아들에게로 삼사 대까지 이르게 하거니와

6 나를 사랑하고 내 계명을 지키는 자에게는
천 대까지 은혜를 베푸느니라

출애굽기 20:1-21

십계명: 제3계명

7 너는 네 하나님 여호와의 이름을 망령되게 부르지 말라
여호와는 그의 이름을 망령되게 부르는 자를
죄 없다 하지 아니하리라

출애굽기 20:1-21

십계명: 제4계명

8 안식일을 기억하여 거룩하게 지키라

9 엿새 동안은 힘써
네 모든 일을 행할 것이나

10 일곱째 날은 네 하나님 여호와의 안식일인즉
너나 네 아들이나 네 딸이나
네 남종이나 네 여종이나
네 가축이나 네 문안에 머무는 객이라도
아무 일도 하지 말라

11 이는 엿새 동안에 나 여호와가
하늘과 땅과 바다와
그 가운데 모든 것을 만들고
일곱째 날에 쉬었음이라
그러므로 나 여호와가 안식일을 복되게 하여
그 날을 거룩하게 하였느니라

주의 말씀은 내 발에 등이요
내 길에 빛이니이다

[시 119:105]

Your word is a lamp for my feet,
a light on my path.

초등학교 6학년(12세)까지

+ 10절 = 총 122절

출애굽기 20:12-21

출애굽기 20:1-21

십계명: 제5-10계명

12 네 부모를 공경하라
그리하면 네 하나님 여호와가
네게 준 땅에서 네 생명이 길리라

13 살인하지 말라

14 간음하지 말라

15 도둑질하지 말라

16 네 이웃에 대하여 거짓 증거하지 말라

17 네 이웃의 집을 탐내지 말라
네 이웃의 아내나
그의 남종이나 그의 여종이나
그의 소나 그의 나귀나
무릇 네 이웃의 소유를 탐내지 말라

출애굽기 20:1-21

두려워 떠는 이스라엘 백성

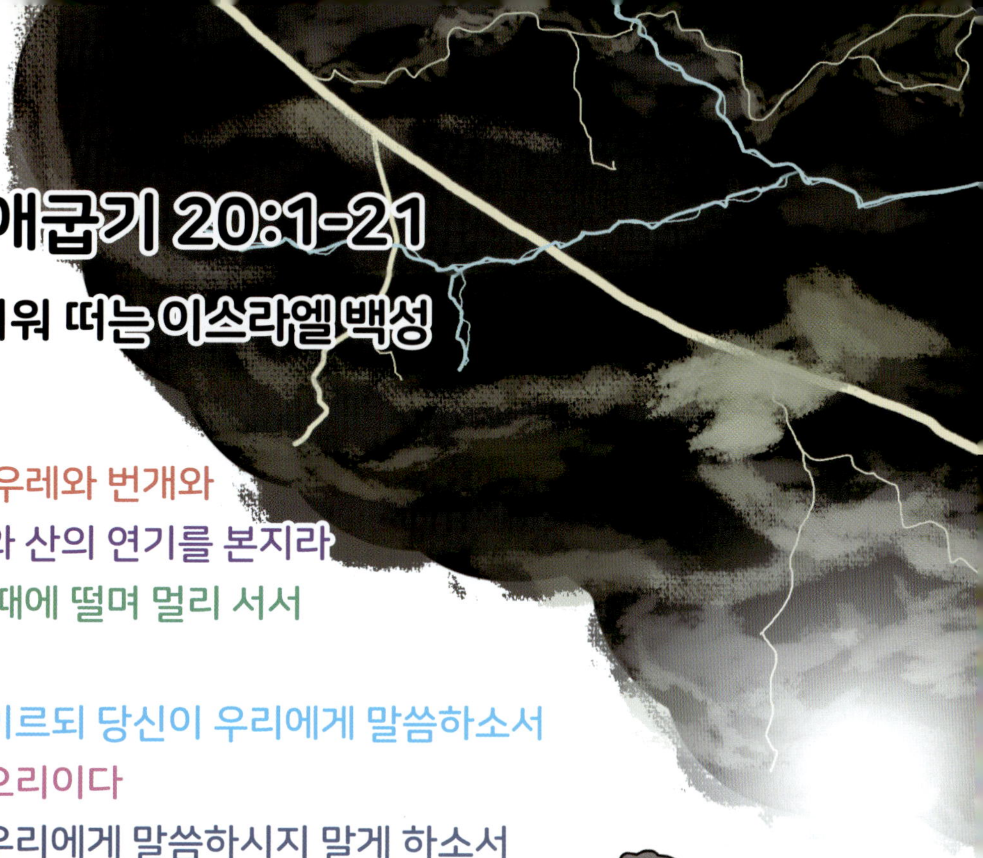

18 뭇 백성이 우레와 번개와
나팔 소리와 산의 연기를 본지라
그들이 볼 때에 떨며 멀리 서서

19 모세에게 이르되 당신이 우리에게 말씀하소서
우리가 들으리이다
하나님이 우리에게 말씀하시지 말게 하소서
우리가 죽을까 하나이다

20 모세가 백성에게 이르되
두려워하지 말라
하나님이 임하심은
너희를 시험하고 너희로 경외하여
범죄하지 않게 하려 하심이니라

21 백성은 멀리 서 있고
모세는 하나님이 계신 흑암으로 가까이 가니라

출애굽기 20장 1절부터 21절까지의 말씀 아멘

4계명, 말씀 쓰기

출애굽기 20장 8절부터 11절까지

십계명 Quiz!

다음 중 십계명의 내용과 맞는 것은?

1. 백성은 멀리 서 있고 모세는 흑암으로 갔다.
2. "여호와의 이름을 망령되게 부르지 말라"는 1계명이다.
3. 네 문안에 머무는 객은 일곱째 날에 일을 할 수 있다.
4. 5계명은 '도둑질하지 말라'이다.
5. 하나님을 사랑하고 계명을 지키는 자에게는 천 대까지 은혜를 베푸신다.

색칠해보세요!

엄마와 함께 활동해요

열 가지 재앙을 찾아보고 그림이나 글로 표현해요

[출 7:1 - 12:36]

암송일기

년 월 일

주의 말씀의 맛이 내게 어찌 그리 단지요
내 입에 꿀보다 더 다니이다
[시 119:103]

How sweet are your words to my taste,
sweeter than honey to my mouth!

중학교 1학년(13세)까지

+ 30절 = 총 152절

신명기 28:1-6 | 여호수아 1:8,9 | 여호수아 6:1-3
시편 8:1-9* | 창세기 12:1-4 | 시편 150:1-6*

신명기 28:1-6

순종과 축복

1 네가 네 하나님
여호와의 말씀을 삼가 듣고
내가 오늘 네게 명령하는
그의 모든 명령을 지켜 행하면
네 하나님 여호와께서
너를 세계 모든 민족 위에 뛰어나게 하실 것이라

2 네가 네 하나님 여호와의 말씀을 청종하면
이 모든 복이
네게 임하며 네게 이르리니

신명기 28:1-6

축복의 약속들

3 성읍에서도 복을 받고
들에서도 복을 받을 것이며

4 네 몸의 자녀와 네 토지의 소산과
네 짐승의 새끼와 소와 양의 새끼가
복을 받을 것이며

5 네 광주리와 떡 반죽 그릇이 복을 받을 것이며

6 네가 들어와도 복을 받고
나가도 복을 받을 것이니라

신명기 28장 1절부터 6절까지의 말씀 아멘

순종과 축복, 말씀 쓰기

신명기 28장 1절, 2절

Quiz

하나님께서 이스라엘 백성들에게 세계 모든 민족
위에 뛰어나게 하실 것이라고 약속하셨어요.
무엇을 해야 했을까요?

엄마와 함께 활동해요

말씀 귀 만들기

☑ 준비물 check!

□ 부직포 또는 두꺼운 종이(갈색, 노랑, 분홍, 흰색)

□ 고무줄 또는 똑딱핀 또는 집게핀

□ 글루건 □ 가위

1. 내가 만들고싶은 동물의 귀 모양을 선택해봅니다.
   - 코끼리, 여우, 토끼, 곰 등
2. 부직포 색상을 선택하고 귀 모양을 2개 그려봅니다.
3. 귀 모양을 오려서 구멍을 내고 고무줄을 끼우거나 똑딱핀이나 집게핀에 붙여봅니다.
4. 말씀암송할 때, 가정예배를 드릴 때 동물 귀 모양을 머리나 귀에 달고 즐겁게 암송합니다.

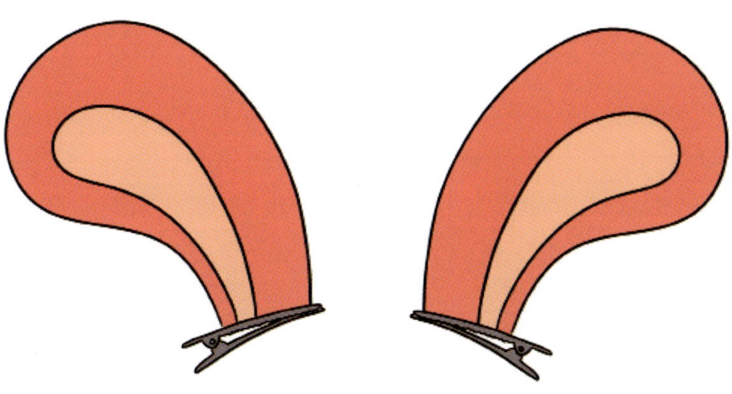

암송일기

년 월 일

여호수아 1:8,9

말씀암송, 묵상, 준행, 형통의 법칙

8 이 율법책을 네 입에서 떠나지 말게 하며
주야로 그것을 묵상하여
그 안에 기록된 대로 다 지켜 행하라
그리하면 네 길이 평탄하게 될 것이며
네가 형통하리라

9 내가 네게 명령한 것이 아니냐
강하고 담대하라 두려워하지 말며 놀라지 말라
네가 어디로 가든지
네 하나님 여호와가 너와 함께 하느니라 하시니라

여호수아 1장 8절, 9절 말씀 아멘

말씀암송, 묵상, 준행, 형통,

말씀 쓰기

여호수아 1장 8절, 9절

괄호 채우기 Quiz!

괄호 안을 채워보세요.

이 (__________)을 네 (___)에서 떠나지 말게 하며
(______)로 그것을 (______)하여
그 안에 기록된 대로 다 (________________)
그리하면 네 길이 (______)하게 될 것이며
네가 (______)하리라

색칠해보세요!

엄마와 함께 활동해요

나만의 율법책 만들기

☑ 준비물 check!

- ☐ 4절 도화지
- ☐ 색연필
- ☐ 사인펜
- ☐ 칼
- ☐ 지끈

1. 도화지를 가로와 세로로 한번씩 접어줍니다.
2. 접은 도화지를 칼로 잘라줍니다.
3. 자른 도화지 4장에 구멍을 내고 지끈으로 묶어줍니다.
4. 페이지 순서를 매깁니다.
5. 순서대로 내가 좋아하는 말씀을 각 페이지마다 한절씩 적거나 그림으로 표현해봅니다.
6. 암송하면서 기억에 남는 암송구절들을 책으로 완성합니다.

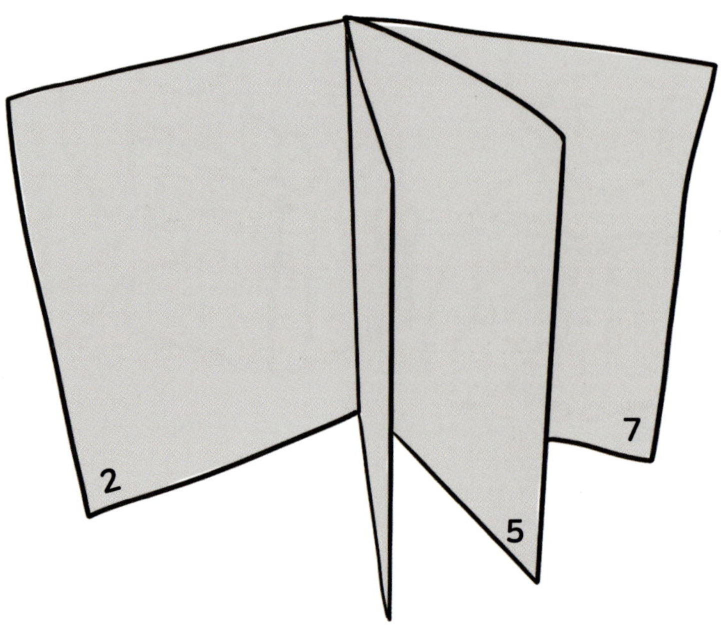

암송일기

년 월 일

여호수아 6:1-3

이슬비 여리고 작전의 성경적 배경

1 이스라엘 자손들로 말미암아
여리고는 굳게 닫혔고
출입하는 자가 없더라

2 여호와께서 여호수아에게 이르시되
보라 내가 여리고와
그 왕과 용사들을 네 손에 넘겨 주었으니

3 너희 모든 군사는
그 성을 둘러 성 주위를
매일 한 번씩 돌되
엿새 동안을 그리하라

여리고 작전, 말씀 쓰기

여호수아 6장 2절, 3절

Quiz

이스라엘 백성들이 여리고성을 모두 몇 바퀴 돌았을 때 여리고성이 무너졌을까요?

암송일기

년 월 일

시편 8:1-9*

어린아이들과 젖먹이들의 입으로

1 여호와 우리 주여
주의 이름이 온땅에
어찌 그리 아름다운지요
주의 영광이 하늘을 덮었나이다

2 주의 대적으로 말미암아
어린아이들과 젖먹이들의 입으로 권능을 세우심이여
이는 원수들과 보복자들을
잠잠하게 하려 하심이니이다

3 주의 손가락으로 만드신 주의 하늘과
주께서 베풀어 두신 달과 별들을 내가 보오니

4 사람이 무엇이기에
주께서 그를 생각하시며
인자가 무엇이기에
주께서 그를 돌보시나이까

시편 8:1-9*

만물을 다스리시는 주님

5 그를 하나님보다 조금 못하게 하시고
영화와 존귀로 관을 씌우셨나이다

6 주의 손으로 만드신 것을 다스리게 하시고
만물을 그의 발 아래 두셨으니

7 곧 모든 소와 양과 들짐승이며

8 공중의 새와 바다의 물고기와
바닷길에 다니는 것이니이다

9 여호와 우리 주여 주의 이름이
온 땅에 어찌 그리 아름다운지요

시편 8편 전편 1절부터 9절까지의 말씀 아멘

어린아이들과 젖먹이들의 입으로, 말씀 쓰기

시편 8편 1절, 2절, 9절

Quiz

시편 8편에서 똑같은 말씀이 반복되는 구절이 있어요.
구절과 말씀은 무엇일까요?

엄마와 함께 활동해요

과자로 나의 모습을 꾸며보아요

☑ 준비물 check!

- ☐ 1회용 접시(중간 크기)
- ☐ 여러가지 과자(양파링, 꼬깔콘, 뿌셔뿌셔, 초코볼 등)
- ☐ 목공풀

1. 1회용 접시에 붙일 눈, 코, 입, 머리카락을 표현할 수 있는 과자를 선택해서 진열합니다.
2. 목공풀로 과자를 붙입니다.
3. 가족과 함께 남은 과자를 먹으며 시편 8편 3, 7, 8절을 중심으로 하나님의 창조물을 도화지에 꾸며보아도 좋아요!

암송일기

년 월 일

창세기 12:1-4

너는 복의 근원

1 여호와께서 아브람에게 이르시되
너는 너의 고향과 친척과 아버지의 집을 떠나
내가 네게 보여 줄 땅으로 가라

2 내가 너로 큰 민족을 이루고
네게 복을 주어
네 이름을 창대하게 하리니
너는 복이 될지라

3 너를 축복하는 자에게는 내가 복을 내리고
너를 저주하는 자에게는 내가 저주하리니
땅의 모든 족속이 너로 말미암아
복을 얻을 것이라 하신지라

4 이에 아브람이 여호와의 말씀을 따라 갔고
롯도 그와 함께 갔으며
아브람이 하란을 떠날 때에 칠십오 세였더라

창세기 12장 1절부터 4절까지의 말씀 아멘

복의 근원, 말씀 쓰기

창세기 12장 2절, 3절

Quiz

아브람이 하란을 떠날 때에 몇 살이었을까요?

암송일기

년 월 일

시편 150:1-6*

할렐루야 여호와를 찬양할지어다

1 할렐루야 그의 성소에서 하나님을 찬양하며
그의 권능의 궁창에서 그를 찬양할지어다

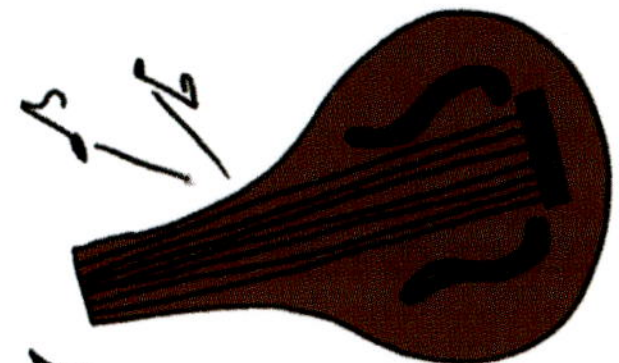

2 그의 능하신 행동을 찬양하며
그의 지극히 위대하심을 따라
찬양할지어다

3 나팔 소리로 찬양하며
비파와 수금으로 찬양할지어다

4 소고치며 춤추어 찬양하며
현악과 퉁소로 찬양할지어다

5 큰 소리 나는 제금으로 찬양하며
높은 소리 나는 제금으로 찬양할지어다

6 호흡이 있는 자마다
여호와를 찬양할지어다 할렐루야

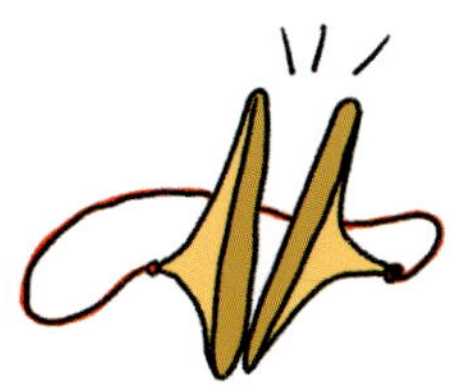

시편 150편 전편 1절부터 6절까지의 말씀 아멘

할렐루야, 말씀 쓰기

시편 150편 1절, 2절, 6절

Quiz

찬양하는 악기로 사용되지 않은 것은? (________)

1) 비파와 수금 2) 큰 소리나는 제금
3) 현악과 퉁소 4) 탬버린 5) 목소리

암송일기

년 월 일

말씀암송구호를 외치며 선포해요

할렐루야 예수님의 참제자
주 안에서 항상 기기감찬순
변나명용 롬팔이팔
살아계신 하나님의 말씀

고난은
변장하고 오는 하나님의 축복이다.
하나님의 기상나팔 소리이다.
하나님의 명품 만들기이다.
하나님의 용광로이다.

중학교 2학년(14세)까지

+ 21절 = 총 173절

이사야 1:18-20 | 이사야 14:24-27 | 잠언 16:1-9
시편 107:9 | 잠언 8:17 | 하박국 3:17-19*

이사야 1:18-20

순종과 배반의 보상

18 여호와께서 말씀하시되
오라 우리가 서로 변론하자
너희의 죄가 주홍 같을지라도
눈과 같이 희어질 것이요
진홍 같이 붉을지라도
양털 같이 희게 되리라

19 너희가 즐겨 순종하면
땅의 아름다운 소산을 먹을 것이요

20 너희가 거절하여 배반하면
칼에 삼켜지리라
여호와의 입의 말씀이니라

이사야 1장 18절부터 20절까지의 말씀 아멘

눈과 양털, 말씀 쓰기

이사야 1장 18절

괄호 채우기 Quiz!

괄호 안을 채워보세요.

오라 우리가 서로 (______)하자

너희의 죄가 (______) 같을지라도

(___)과 같이 희어질 것이요

(______) 같이 붉을지라도

(______) 같이 희게 되리라

색칠해보세요!

암송일기

년 월 일

이사야 14:24-27

반드시 이루어지는 여호와의 계획

24 만군의 여호와께서 맹세하여 이르시되
내가 생각한 것이 반드시 되며
내가 경영한 것을 반드시 이루리라

25 내가 앗수르를 나의 땅에서 파하며
나의 산에서 그것을 짓밟으리니
그 때에 그의 멍에가 이스라엘에게서 떠나고
그의 짐이 그들의 어깨에서 벗어질 것이라

26 이것이 온 세계를 향하여 정한 경영이며
이것이 열방을 향하여 편 손이라 하셨나니

27 만군의 여호와께서 경영하셨은즉
누가 능히 그것을 폐하며
그의 손을 펴셨은즉
누가 능히 그것을 돌이키랴

이사야 14장 24절부터 27절까지의 말씀 아멘

반드시 이루어지는 여호와의 계획,

말씀 쓰기

이사야 14장 24절, 25절

괄호 채우기 Quiz!

괄호 안을 채워보세요.

내가 (　　　　　　)를 나의 (　　)에서 파하며
나의 (　　)에서 그것을 짓밟으리니
그 때에 그의 (　　　　)가 (　　　　　　　　)에게서
떠나고
그의 (　　)이 그들의 (　　　　)에서
벗어질 것이라

색칠해보세요!

암송일기

년 월 일

1. 하나님은 어떤 분이신지 찾아서 적어보아요.

2. 나에게 하나님은 어떤 분이신가요?

   생각을 적어보아요.

잠언16:1-9

너의 행사를 여호와께 맡기라

1 마음의 경영은 사람에게 있어도
말의 응답은 여호와께로부터 나오느니라

2 사람의 행위가 자기 보기에는 모두 깨끗하여도
여호와는 심령을 감찰하시느니라

3 너의 행사를 여호와께 맡기라
그리하면 네가 경영하는 것이 이루어지리라

4 여호와께서 온갖 것을 그 쓰임에 적당하게 지으셨나니
악인도 악한 날에 적당하게 하셨느니라

5 무릇 마음이 교만한 자를
여호와께서 미워하시나니
피차 손을 잡을지라도
벌을 면하지 못하리라

잠언 16:1-9

걸음을 인도하시는 여호와

6 인자와 진리로 인하여 죄악이 속하게 되고
여호와를 경외함으로 말미암아
악에서 떠나게 되느니라

7 사람의 행위가 여호와를 기쁘시게 하면
그 사람의 원수라도
그와 더불어 화목하게 하시느니라

8 적은 소득이 공의를 겸하면
많은 소득이 불의를 겸한 것보다 나으니라

9 사람이 마음으로 자기의 길을 계획할지라도
그의 걸음을 인도하시는 이는 여호와시니라

잠언 16장 1절부터 9절까지의 말씀 아멘

걸음을 인도하시는 여호와,

말씀 쓰기

잠언 16장 1절, 3절, 9절

O/X Quiz

1. 마음의 경영은 여호와께 있어도 말의 응답은 사람으로부터 나온다. (   )
2. 사람이 마음으로 자기의 길을 계획할지라도 그의 걸음을 인도하시는 이는 여호와이시다. (   )
3. 인자와 진리로 인하여 악에서 떠나게 되고 여호와를 경외함으로 죄악이 속하게 된다. (   )

엄마와 함께 활동해요

타임캡슐 만들기

☑ 준비물 check!

- ☐ 보석상자 또는 네모상자
- ☐ 포스트잇 3가지 색상
- ☐ 연필이나 사인펜
- ☐ 유리테이프

1. 각 색상의 포스트잇에 10년 후, 20년 후, 30년 후 '하나님 나는 이렇게 성장하고 싶어요' 하는 마음으로 적어봅니다.
2. 다 적은 후 준비한 보석상자 또는 네모상자에 넣어줍니다.
3. 엄마와 함께 나의 비전과 꿈에 대해 대화하고 기도합니다.
4. 보석상자 또는 네모상자를 잘 간직하여 1년 후 가정예배 시간에 열어봅시다.

암송일기

년 월 일

시편 107:9

사모하는 영혼을 만족게 하심

9 그가 사모하는 영혼에게 만족을 주시며
주린 영혼에게 좋은 것으로 채워주심이로다

시편 107편 9절 말씀 아멘

잠언 8:17

주님의 사랑을 입는 법

17 나를 사랑하는 자들이 나의 사랑을 입으며
나를 간절히 찾는 자가 나를 만날 것이니라

색칠해보세요!

잠언 8장 17절 말씀 아멘

하박국 3:17-19*

비록 외양간에 소가 없을지라도

17 비록 무화과나무가 무성하지 못하며
포도나무에 열매가 없으며
감람나무에 소출이 없으며
밭에 먹을 것이 없으며
우리에 양이 없으며
외양간에 소가 없을지라도

18 나는 여호와로 말미암아 즐거워하며
나의 구원의 하나님으로 말미암아
기뻐하리로다

19 주 여호와는 나의 힘이시라
나의 발을 사슴과 같게 하사
나를 나의 높은 곳으로 다니게 하시리로다
이 노래는 지휘하는 사람을 위하여
내 수금에 맞춘 것이니라

하박국 3장 17절부터 19절까지의 말씀 아멘

비록 외양간에 소가 없을지라도, 말씀 쓰기

하박국 3장 17절, 18절

O/X Quiz

1. 나는 구원의 하나님으로 말미암아 기뻐한다. (________)
2. 이 노래는 노래하는 사람을 위하여 내 수금에 맞춘 것 이다. (________)
3. 주 여호와는 나의 노래이시다. (________)

암송일기

년 월 일

중학교 3학년(15세)까지

+ 27절 = 총 200절

마태복음 7:1-6 | 이사야 40:27-31*
예레미야 33:1-3 | 마태복음 11:28-30*
이사야 41:10 | 사도행전 1:1-8 | 마태복음 6:33

마태복음 7:1-6

비판하지 말라

1 비판을 받지 아니하려거든 비판하지 말라

2 너희가 비판하는 그 비판으로
너희가 비판을 받을 것이요
너희가 헤아리는 그 헤아림으로
너희가 헤아림을 받을 것이니라

3 어찌하여 형제의 눈 속에 있는 티는 보고
네 눈 속에 있는 들보는 깨닫지 못하느냐

마태복음 7:1-6

먼저 네 눈속의 들보를 빼어라

4 보라 네 눈 속에 들보가 있는데
어찌하여 형제에게 말하기를
나로 네 눈 속에 있는
티를 빼게 하라 하겠느냐

5 외식하는 자여 먼저 네 눈 속에서
들보를 빼어라
그 후에야 밝히 보고
형제의 눈 속에서 티를 빼리라

6 거룩한 것을 개에게 주지 말며
너희 진주를 돼지 앞에 던지지 말라
그들이 그것을 발로 밟고
돌이켜 너희를 찢어 상하게 할까 염려하라

마태복음 7장 1절부터 6절까지의 말씀 아멘

비판하지 말라, 말씀 쓰기

마태복음 7장 1절, 2절

Quiz 틀린 곳을 고쳐보세요

거룩한 것을 돼지에게 주지 말며 너희 진주를 개
앞에 던지지 말라 그들이 그것을 발로 발고 돌이
켜 너를 찢어 상해할까 염려하라

암송일기

년 월 일

이사야 40:27-31*

여호와를 앙망하는 자

27 야곱아 어찌하여 네가 말하며
이스라엘아 네가 이르기를
내 길은 여호와께 숨겨졌으며
내 송사는 내 하나님에게서 벗어난다 하느냐

28 너는 알지 못하였느냐 듣지 못하였느냐
영원하신 하나님 여호와,
땅 끝까지 창조하신 이는
피곤하지 않으시며
곤비하지 않으시며
명철이 한이 없으시며

29 피곤한 자에게는 능력을 주시며
무능한 자에게는 힘을 더하시나니

이사야 40:27-31*

여호와를 앙망하는 자

30 소년이라도 피곤하며 곤비하며
장정이라도 넘어지며 쓰러지되

31 오직 여호와를 앙망하는 자는 새 힘을 얻으리니
독수리가 날개치며 올라감 같을 것이요
달음박질하여도 곤비하지 아니하겠고
걸어가도 피곤하지 아니하리로다

이사야 40장 27절부터 31절까지의 말씀 아멘

여호와를 앙망하는 자, 말씀 쓰기

이사야 40장 31절

하나님은 어떤 분이신가요? 찾아보아요.

암송일기

년 월 일

예레미야 33:1-3

하나님의 긴급전화

1 예레미야가 아직
시위대 뜰에 갇혀 있을 때에
여호와의 말씀이
그에게 두 번째로 임하니라 이르시되

2 일을 행하시는 여호와,
그것을 만들며 성취하시는 여호와,
그의 이름을 여호와라 하는 이가
이와 같이 이르시도다

3 너는 내게 부르짖으라
내가 네게 응답하겠고
네가 알지 못하는
크고 은밀한 일을 네게 보이리라

예레미야 33장 1절부터 3절까지의 말씀 아멘

하나님의 긴급 전화, 말씀 쓰기

예레미야 33장 2절, 3절

하나님은 어떤 분이신가요? 찾아보아요.

암송일기

년 월 일

하나님은 나에게 어떤 분이신가 적어보세요.

마태복음 11:28-30*

수고하고 무거운 짐 진 자들아

28 수고하고 무거운 짐 진 자들아
다 내게로 오라
내가 너희를 쉬게 하리라

29 나는 마음이 온유하고 겸손하니
나의 멍에를 메고 내게 배우라
그리하면 너희 마음이 쉼을 얻으리니

30 이는 내 멍에는 쉽고
내 짐은 가벼움이라 하시니라

마태복음 11장 28절부터 30절까지의 말씀 아멘

수고하고 무거운 짐 진 자들아,
말씀 쓰기

마태복음 11장 28절부터 30절까지

Quiz

(　)에 맞는 것을 골라보세요.

나는 마음이 온유하고 겸손하니 나의 (　　　)를 메고 내게 배우라 그리하면 너희 마음이 (　)을 얻으리니

1) 멍에, 심　2) 멍애, 쉼　3) 멍애, 심　4)멍에, 쉼

암송일기

년 월 일

이사야 41:10

참으로 너를 도와주리라

10 두려워하지 말라
내가 너와 함께 함이라
놀라지 말라
나는 네 하나님이 됨이라
내가 너를 굳세게 하리라
참으로 너를 도와 주리라
참으로 나의 의로운 오른손으로 너를 붙들리라

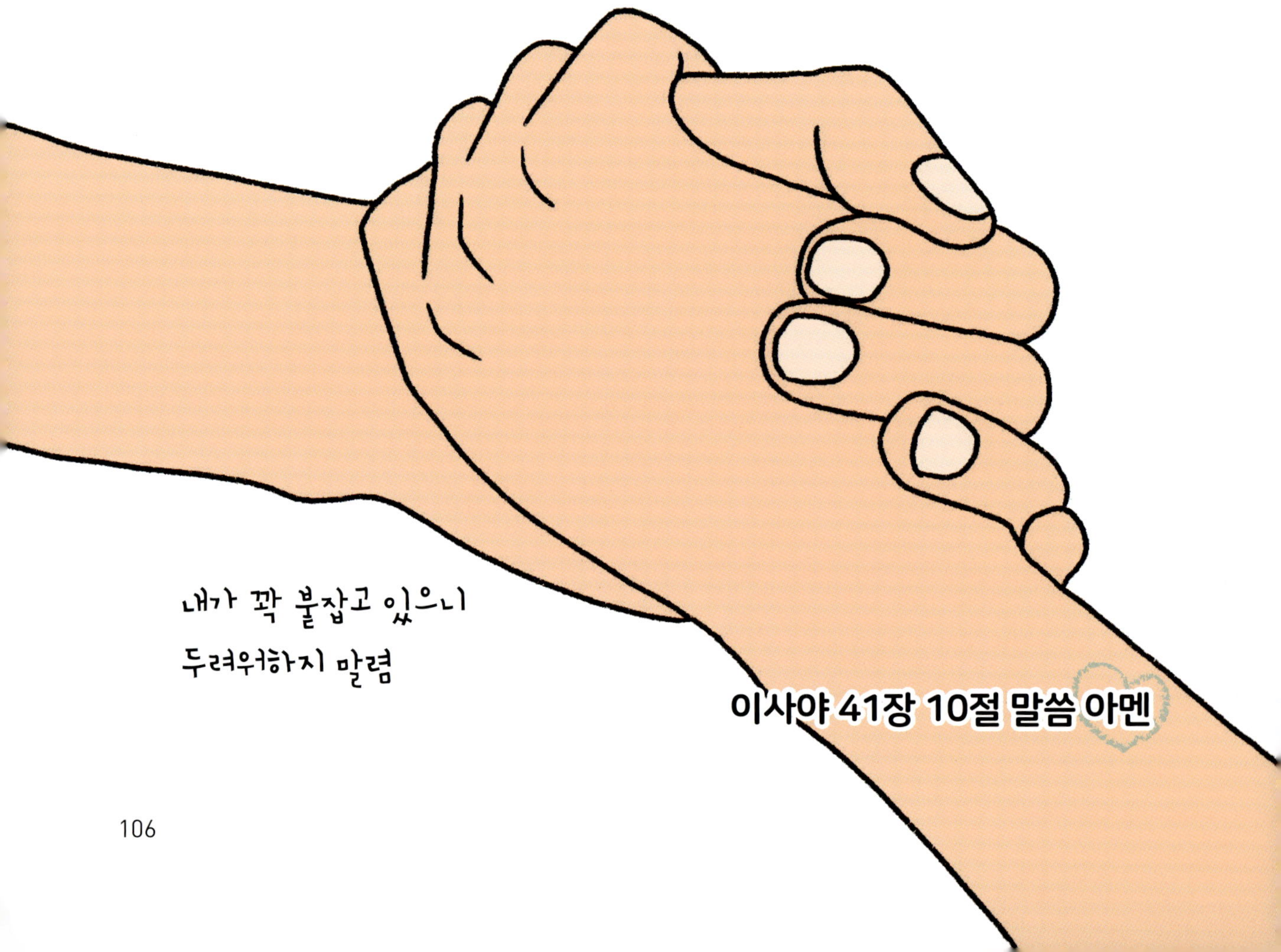

내가 꽉 붙잡고 있으니
두려워하지 말렴

이사야 41장 10절 말씀 아멘

너를 도와주리라, 말씀 쓰기

이사야 41장 10절

Quiz 틀린 곳을 고쳐보세요

두려워 말라 네가 너와 함께 함이라 놀라워 하지 말라 나는 내 하나님이라 내가 너를 굳게 하리라 너를 도와 주리라 참으로 나의 외로운 손으로 너를 붙들어주리라

암송일기

년 월 일

사도행전 1:1-8

아버지의 약속을 기다리라

1 데오빌로여 내가 먼저 쓴 글에는
무릇 예수께서 행하시며
가르치시기를 시작하심부터

2 그가 택하신 사도들에게 성령으로 명하시고
승천하신 날까지의 일을 기록하였노라

3 그가 고난 받으신 후에
또한 그들에게 확실한 많은 증거로
친히 살아 계심을 나타내사
사십 일 동안 그들에게 보이시며
하나님 나라의 일을 말씀하시니라

4 사도와 함께 모이사
그들에게 분부하여 이르시되
예루살렘을 떠나지 말고
내게서 들은 바
아버지께서 약속하신 것을 기다리라

사도행전 1:1-8

성령으로 세례를 받으리라

5 요한은 물로 세례를 베풀었으나
너희는 몇 날이 못되어
성령으로 세례를 받으리라 하셨느니라

6 그들이 모였을 때에 예수께 여쭈어 이르되
주께서 이스라엘 나라를 회복하심이 이 때니이까 하니

7 이르시되 때와 시기는
아버지께서 자기의 권한에 두셨으니
너희가 알 바 아니요

8 오직 성령이 너희에게 임하시면
너희가 권능을 받고
예루살렘과 온 유대와
사마리아와 땅 끝까지 이르러
내 증인이 되리라 하시니라

사도행전 1장 1절부터 8절까지의 말씀 아멘

성령이 너희에게 임하시면,
말씀 쓰기

사도행전 1장 8절

O/X Quiz

1. 예수님은 고난받으신 후에 30일 동안 그들에게 보이시며 하나님 나라의 일을 말씀하셨다. (____)
2. 요한은 성령으로 세례를 베풀었다. (____)
3. 때와 시기는 아버지께서 자기의 권한에 두셨다. (____)
4. 성령이 임하시면 권능을 받고 땅끝까지 이르러 증인이 된다. (____)

암송일기

년 월 일

마태복음 6:33

먼저 그의 나라와 그의 의를 구하라

33 그런즉 너희는 먼저
그의 나라와 그의 의를 구하라
그리하면 이 모든 것을
너희에게 더하시리라

색칠해보세요!

마태복음 6장 33절 말씀 아멘

먼저 그의 나라와, 말씀 쓰기

마태복음 6장 33절

마태복음 6장 34절을 찾아 적어보아요!

암송일기

년 월 일

말씀 한평생

여운학 장로

나는 내 혈관 속에 하나님의 말씀이
흐른다고 말하고 싶습니다.
눈만 뜨면, 그 달고 오묘한 말씀을
먹고 싶어 안달했던 시간이 수없이 많았지요.

비록 마흔이 넘어서 예수님을 구주로 모셔 들였지만,
하루에 세 갑씩 피우던 담배를 끊은 후
집과 직장에서 잠언, 전도서, 시편, 요한복음에 심취해
읽는 것만으로는 성에 차지 않아 우둔해진 머리로
암송하려 몸부림치던 일이 생생하게 떠오릅니다.

말씀을 암송한다는 건 정말 행복한 일입니다.
말씀에 심취해서 암송 묵상을 하다가 잠드는 건
마지막 순간까지 하나님과 영적 대화를 나누다가
하나님 나라로 가는 예행연습이라고 생각합니다.
다른 무엇과도 비교할 수 없는,
다른 무엇에 빼앗길까 두려운 귀하고 복된 시간이지요.

《말씀 한평생》 본문 중

롬팔이팔

한창수 목사

내가 교회에 처음 나가게 된 것은
초등학교 4학년 여름이었다.
"창수야~ 교회 52번 가면 필통 준대이~"
친구가 자전거 타고 골목길을 지나며
우리 집 앞에서 던진 이 한마디가 빛이었다.
그 소리가 크게 내 귓전을 때렸고,
나는 밥 먹다가 숟가락을 던지고
친구의 자전거를 뒤따라 힘껏 달려갔다.
나는 그 길로 52번 교회에 출석했고,
52번 만에 필통을 받았다.
그리고 나서야 비로소 깨달았다.
그 필통이 52주 1년 개근상이었다는 것을

하지만 그 52주 동안 하나님은
'내 인생'이라는 천지를 창조하고 계셨다.
흑암이 깊었던 내 인생에 빛을 만드시고
하나님 나라를 만드시고 에덴동산을 만드셨다.
내가 느끼지도 못한 사이에
내 인생과 영혼을 만져주셨다.
하나님의 말씀이 빛으로 내 삶에 심겼고
나를 창조하고 조성하고 계셨다.

《롬팔이팔》 본문 중

아무리 바빠도 가정예배

백은실 사모

가정을 아름다운 또 하나의 교회로 세워가며
예배를 즐거워하는 자녀, 삶으로 예배드리는 부모로 살기

가정은 말씀과 기도와 찬양으로 예배할 수 있는
최적의 공간이자 가장 완벽하고 안전한 곳이다.
혈연 동동체를 넘어 말씀을 소유한 언약 공동체로서
하나님을 예배하는 자리이고, 삶에 역사하시는
하나님을 인식하는 감사의 자리다

신앙은 교육이 아닌 삶이다.
하나님이 세우신 아름다운 공동체인 가정에서
시공간을 초월해 예배자로 함께 살아내는 과정이다.
가정예배를 '신앙교육의 꽃'이라 부르는 이유도
삶을 통해 배우는 자리이기 때문이다.

아버지께 참되게 예배하는 자들은
영과 진리로 예배할 때가 오나니 곧 이때라
아버지께서는 자기에게
이렇게 예배하는 자들을 찾으시느니라 요 4:23

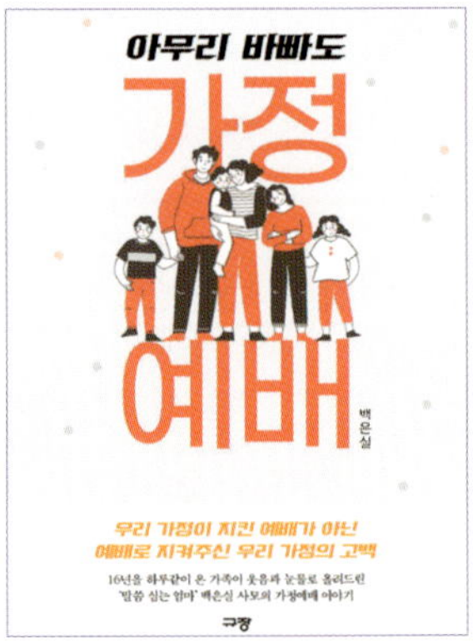

《아무리 바빠도 가정예배》 프롤로그 중

성경암송훈련 3C

Confidence 자신감
Concentration 집중력
Self-Control 자제력

303비전 꿈나무 성경암송노트 2단계

초판 1쇄 발행 2024년 11월 21일

엮은이 303비전성경암송학교

펴낸이 여진구
편집 이영주 박소영 최현수 구주은 안수경 김도연 김아진 정아혜
책임디자인 마영애 노지현 조은혜
홍보 · 외서 진효지
마케팅 김상순 강성민
제작 조영석 허병용
마케팅지원 최영배 정나영
경영지원 김혜경 김경희

303비전성경암송학교 유니게 과정
이슬비전도학교 / 303비전성경암송학교 / 303비전꿈나무장학회

펴낸곳 규장

주소 06770 서울시 서초구 매헌로 16길 20(양재2동) 규장선교센터
전화 02)578-0003 팩스 02)578-7332
이메일 kyujang0691@gmail.com
페이스북 facebook.com/kyujangbook
카카오스토리 story.kakao.com/kyujangbook
홈페이지 www.kyujang.com
인스타그램 instagram.com/kyujang_com
등록일 1978.8.14. 제1-22

책값 뒤표지에 있습니다.
ISBN 979-11-6504-579-1 03230

규 | 장 | 수 | 칙

1. 기도로 기획하고 기도로 제작한다.
2. 오직 그리스도의 성품을 사모하는 독자가 원하고 필요로 하는 책만을 출판한다.
3. 한 활자 한 문장에 온 정성을 쏟는다.
4. 성실과 정확을 생명으로 삼고 일한다.
5. 긍정적이며 적극적인 신앙과 신행일치에의 안내자의 사명을 다한다.
6. 충고와 조언을 항상 감사로 경청한다.
7. 지상목표는 문서선교에 있다.

하나님을 사랑하는 자 곧 그의 뜻대로 부르심을 입은 자들에게는 모든 것이 合力하여 善을 이루느니라(롬 8:28)

ecpa Member of the Evangelical Christian Publishers Association

규장은 문서를 통해 복음전파와 신앙교육에 주력하는 국제적 출판사들의 협의체인 복음주의출판협회(E.C.P.A:Evangelical Christian Publishers Association)의 출판정신에 동참하는 회원(Associate Member)입니다.